Samuel Cameroun

Le paradis et l'espérance chrétienne

Samuel Cameroun

Le paradis et l'espérance chrétienne

Éditions Croix du Salut

Imprint

Cover image: www.ingimage.com

Publisher:
Éditions Croix du Salut
is a trademark of
International Book Market Service Ltd., member of OmniScriptum Publishing Group
17 Meldrum Street, Beau Bassin 71504, Mauritius
Printed at: see last page
ISBN: 978-613-7-37178-7

Onzième Etude Biblique / 27

LE PARADIS ET L'ESPERANCE CHRETIENNE.

PROLOGUE SUR LA...

Collection de la série chrétienne

" QUE CELUI QUI LIT FASSE ATTENTION ! "

(Mathieu 24 : 15)

Au cours de notre marche spirituelle, nous aborderons les fondamentaux de la saine doctrine chrétienne qui en est la colonne et l'appui de la vérité. D'après l'apôtre Paul encourageant son fidèle compagnon dans 1 Timothée 3 : 14 – 15 il lui écrit : « *Je t'écris ces choses, avec l'espérance d'aller bientôt vers toi, mais afin que tu saches, si je tarde, comment il faut se conduire dans la maison de Dieu, qui est l'Église du Dieu vivant, la colonne et l'appui de la vérité* ». A la suite de l'apôtre Paul, les études de cette série, coupleront tout au long, les thèmes de la doctrine biblique à ceux de la prophétie, car Jésus-Christ exhortant fraternellement l'Eglise qui en est " Membre de son Corps " est toujours présent aux côtés des siens. Pour cela, les enseignements de la présente collection s'appuieront essentiellement sur les livres conjoints de la Révélation (Apocalypse), juxtaposé à celui de Daniel, pour confirmer cette bonne nouvelle du message de l'évangile. Puisque, arrivés à la fin des siècles, la doctrine évangélique, les dix commandements de Moïse et la prophétie ont été recommandés précieusement aux chrétiens authentiques, pour leur servir de boussole dans l'obscurité des ténèbres du mal. Ceci en raison de l'esprit d'égarement qui a conduit à l'apostasie doctrinaire, désormais rendue très populaire, parmi toutes ces communautés de prétention chrétienne que la Bible nomme de « *Babylone La Grande La Mère des Impudiques* ! » Apocalypse 17 : 5.

Aussi, devons-nous chercher Dieu avec toutes nos forces, nous qui sommes la génération parvenue au terminal de l'histoire de ce monde destiné à sa ruine imminente et éternelle! C'est Jésus seul, qui en a déterminé les conditions de salut pour quiconque veut sincèrement échapper en sortant de ce monde d'impies. Car il le déclare solennellement : « *personne ne peut venir à lui si le Père ne l'attire...* » Cependant une fois venue au Seigneur, sachons également que Jésus ajoute : « *nul ne peut aller à Dieu sans passer par Lui (Jésus)* ». Finalement quel est le but de notre marche chrétienne ? Et qu'est-ce que l'Eglise du Christ ? Peut-elle être une organisation dénominationnelle ? – Les Assemblées chrétiennes doivent-elles dépendre d'une quelconque agence gouvernementale pour prouver qu'elles sont l'Eglise de Christ ?

Alors que les vrais chrétiens s'apprêtent à faire face à la pire persécution de l'histoire sainte, par le « *666* » qui conditionnera bientôt tout Homme, - Nos finances à l'exemple des dimes doivent-elles être engagées pour nous gagner le ciel ? - Le Christ est-il encore présent dans ces dénominations appelées Eglises ? - Qui devrait être à la tête de l'Eglise du Christ ? - Comment se construisent actuellement les communautés chrétiennes sous le seul Berger, Jésus-Christ ? – L'Eglise de Christ en a-t-elle de responsables visibles ? – Cette Eglise de Christ peut-elle entretenir la corruption ? Peut-elle tant soi peu compromettre notre salut par quelques doctrines non scripturaires ? Quelle Eglise en effet aujourd'hui, est parfaitement en conformité avec la sainte volonté de Christ révélée dans la Bible ?

Pour toutes ces interrogations et tant d'autres qu'on en oublie certainement, la collection *"Que celui qui lit, fasse attention"*, propose exclusivement des réponses bibliques simples et assez complètes suivant chaque thématique abordée. Les réponses à ces questions ci-dessus en énoncé disons-le, ne seront données qu'aux cœurs humbles, voilà pourquoi la présente série chrétiennes *"Que celui qui lise fasse attention "*, est une suite de messages vivants. Ils ont été conçus en tenant compte des besoins spirituels de notre génération, surtout des prophéties dont la Bible, par la révélation et l'enseignement doctrinaire de Christ, des apôtres et des prophètes d'autrefois, nous invite à scruter jour et nuit sans relâche dans une vie de prière, leur accomplissement, afin de nous donner la force de paraitre debout devant le Fils de Dieu, au dernier jour. Voici la promesse de Christ à son Eglise « *A celui qui vaincra, et qui gardera jusqu'à la fin mes œuvres, je donnerai autorité sur les nations.* » *Apocalypse 2 : 26*

NB: Sauf indication contraire, les références bibliques citées en études, sont tirées de la version des saintes écritures (Louis Second). Et pour chaque thème, vous pouvez consulter le sommaire en page **38** et **41**. Par l'indication ordinale (question-réponse), toute réaction particulière, pourrait susciter un accompagnement biblique personnalisé et/ou communautaire, tant soit peu, que vous vous manifestiez sur notre site internet, par appel téléphonique WhatsApp ou sur notre adresse électronique marquée au bas de chaque page.

L'Eglise vous présente ainsi une série de *« 27 études bibliques »*, complétant autant de messages vidéos, audio, en version électronique téléchargeable sur le site internet *wwwchrétiens-église.org*. Tout ceci pour un égal nombre de livrets, à offrir progressivement, selon que le Seigneur Yahwéh Dieu, y pourvoira avec miséricorde et grâce en Jésus-Christ !

L'ensemble de cette collection est gratuitement offert, afin de respecter l'esprit de Christ qui nous a recommandé d'en faire don, puisque nous l'avons reçu gratuitement :

ALORS IL N'APPARTIENT A PERSONNE DE VENDRE CETTE PAROLE DE DIEU !

Mais au préalable, nous vous invitons à recevoir la lettre de l'Auteur écrite pour vous les lecteurs. Cette lettre pourrait vous servir de feuille de route et de guide pédagogique. Cependant il n'est jamais chrétien de croire que notre Seigneur agira identiquement dans tous les cas, au cours de votre croissance spirituelle, ou du ministère pastoral d'évangélisation à travers vous. C'est pour cette raison qu'une fois de plus, nous vous invitons à demeurer attentif à sa voix spirituelle, au travers du canal infaillible que représente pour quiconque, la lecture assidue de sa parole, la Bible.

LETTRE D'ENCOURAGEMENT DE L'AUTEUR, POUR VOUS !

Frères et sœurs, que la paix de Dieu qui surpasse toute intelligence, garde vos pensées en Jésus-Christ ! ».

Soyez la bienvenue, en empruntant avec l'Eglise, la petite voie très resserrée qui mène dans l'éternité, et dont seul Le Fils de Dieu, en est Le Guide et Le Souverain Berger...

Avant toute chose, nous vous conseillerons durant votre étude biblique, d'être critiques du sens des doctrines que ces saintes lettres aborderont. En cela, vous serez entrain de suivre les recommandations des Apôtres selon Actes 17 : 11. « Ces Juifs avaient des sentiments plus nobles que ceux de Thessalonique ; ils reçurent la parole avec beaucoup d'empressement, et ils examinaient chaque jour les Écritures, pour voir si ce qu'on leur disait était exact. »

Durant votre croissance chrétienne, lisez régulièrement votre Bible. Ecoutez le Saint-Esprit. Partagez cette richesse avec d'autres. Soyez généreux, surtout envers votre entourage. Sachez encourager des initiatives d'étude communautaire. Eprouvez ceux qui par esprit de vaine critique, vous taxeront de sectaire. Luttez sans vous laissez distraire par les ennemis de vos âmes. Simplifiez-vous la vie chrétienne. Assistez les démunies de votre voisinage, à commencer par les membres de votre famille. Impliquez-vous dans des campagnes d'évangélisation publique. Exploitez tous les créneaux de communication, et rependez la bonne nouvelle comme des semeurs de Vie !

N'ignorez personne dans vos prières. Appelez la faveur de Yahwéh Dieu sur ceux qui vous écoutent, mais également sur ceux qui vous résisteront. « N'ayez aucun ennemi..., vivez en paix avec tous..., et soyez en parfait harmonie... », Avec l'ensemble de l'Eglise locale de Christ dans le pays, la ville ou le quartier de vote résidence.

Frères et sœurs, « fuyez le péché » et « soyez saint » car « notre Dieu est Saint. » Et par reconnaissance à Dieu de vous avoir sauvé et envoyé, « chantez-Lui sans cesse des cantiques spirituels sous l'inspiration de son Esprit. »

Comme vous avez « reçu gratuitement », veuillez à ne pas briser cette chaine de solidarité ! Avec de nouveaux disciples, commencez par présentez l'évangile, puis abordez des thèmes doctrinaux en fonction de votre auditoire et de leurs besoins spirituels. Vous pourrez choisir les thèmes qui vous conviennent à vous, en obéissant à la voix du Saint-Esprit. Et comme « l'eunuque Ethiopien » sachez que Christ les rejoindra sur la route quand vous vous mettrez en peine de le leur enseigner, surtout à la jeunesse. Donnez-vous à vos Frères chrétiens « comme une offrande à Dieu », car « la moisson est abondante mais les ouvriers sont peu nombreux. » Aussi, rappelez-vous de la promesse de Christ dans la parabole des « ouvriers de la dernière heure »

Ainsi « notre joie sera parfaite » de vous savoir en route pour la céleste patrie, étant enfants de Dieu et serviteurs du Christ, si vous avez appris qu'il n'y a « pas de plus grand amour, que de donner sa vie pour ceux qu'on aime ». De même « qu'il y a plus de joie à donner qu'à recevoir »

Enfin, soyez heureux, en attendant notre Sauveur Jésus, qui « n'oubliera pas votre participation à la propagation de l'évangile et du message de la vérité ». N'ayez de crainte, que de Dieu Lui Seul. Et puis, très vite faite nous part de votre témoignage : des dons que le Saint-Esprit vous aura gratifié, en vue de parfaire le corps du Christ. « Soyez bénie en tout point de vue ! »

*Alors, « **BIEN AIMES** », recevez ces études bibliques comme un présent du Seigneur Jésus, transmis par le ministère d'évangélisation depuis son Eglise du Cameroun, par votre dévoué serviteur et modeste frère d'Afrique, qui tient à vous rappeler que Yahwéh Dieu, par son Fils Jésus-Christ, vous aime d'un Amour Eternel. Croyez de même à notre dévouée affection fraternelle, par les arrhes du Saint Esprit. Amen !*

NB: *En fin d'étude biblique, à la (**Page 43**) de ce titre, vous trouverez les différents thèmes proposés dans la collection d'étude Biblique " Que celui qui lit fasse attention". Nous rappelons aux lecteurs que cette série d'étude biblique chrétienne est disponible gratuitement pour votre édification au site www.chrétiens-église.org*

SAMUEL CAMEROUN, Apôtre du Seigneur Jésus-Christ.

camerounsamuel@gmail.com *Tel + **237 690600469** ou + **237 679647767***

Textes à lire

1 Corinthiens 15 : 39 – 54

Voici, je vous dis un mystère : nous ne mourrons pas tous, mais tous nous serons changés, en un instant, en un clin d'œil, à la dernière trompette. La trompette sonnera, et les morts ressusciteront incorruptibles, et nous, nous serons changés. Car il faut que ce corps corruptible revête l'incorruptibilité, et que ce corps mortel revête l'immortalité. Lorsque ce corps corruptible aura revêtu l'incorruptibilité, et que ce corps mortel aura revêtu l'immortalité, alors s'accomplira la parole qui est écrite : La mort a été engloutie dans la victoire. »

1 Thessaloniciens 4 : 13 – 18

« *Nous ne voulons pas, frères, que vous soyez dans l'ignorance au sujet de ceux qui dorment, afin que vous ne vous affligiez pas comme les autres qui n'ont point d'espérance. Car, si nous croyons que Jésus est mort et qu'il est ressuscité, croyons aussi que Dieu ramènera par Jésus et avec lui ceux qui sont morts. Voici, en effet, ce que nous vous déclarons d'après la parole du Seigneur : nous les vivants, restés pour l'avènement du Seigneur, nous ne devancerons pas ceux qui sont morts. Car le Seigneur lui-même, à un signal donné, à la voix d'un archange, et au son de la trompette de Dieu, descendra du ciel, et les morts en Christ ressusciteront premièrement. Ensuite, nous les vivants, qui seront restés, nous serons tous ensemble enlevés avec eux sur des nuées, à la rencontre du Seigneur dans les airs, et ainsi nous serons toujours avec le Seigneur. Consolez-vous donc les uns les autres par ces paroles.* »

INTRODUCTION

Le chapitre *« 20 » de l'Apocalypse* affirme qu'un ange puissant enchainera le Diable avec une lourde chaine et le jettera dans un abîme pour mille ans.

Satan n'apprécie pas que cette information ait concernant son avenir, ait été rendu publique dans les saintes écritures. Aussi, s'efforce-t-il d'éloigner les gens de l'Apocalypse en faisant croire qu'il s'agit d'un livre scellé, ou en déformant son sens.

C'est pourquoi, malheureusement, une grande partie de ce qui se dit sur les 1000 ans est faux. Parfois, cela ressemble à une invention de Satan pour piéger et perdre les gens. Le Diable ne s'amuse pas. Il n'a qu'un objectif à l'esprit : vous détruire vous, vos familles et tous les habitants de la terre.

Notre seule sécurité est de demeurer très proche de la parole de Dieu. En faisant cela, nous mettrons en lumière les pièges du Diable. Le Seigneur est toujours désireux de nous aider.

LES DEUX RESURRECTIONS

1. Que se passe-t-il au début des 1000 ans ? *Apocalypse 20 : 1 – 6*

« *Puis je vis descendre du ciel un ange, qui avait la clef de l'abîme et une grande chaîne dans sa main. Il saisit le dragon, le serpent ancien, qui est le diable et Satan, et il le lia pour mille ans. Il le jeta dans l'abîme, ferma et scella l'entrée au-dessus de lui, afin qu'il ne séduisît plus les nations, jusqu'à ce que les mille ans fussent accomplis. Après cela, il faut qu'il soit délié pour un peu de temps. (...) Heureux et saints ceux qui ont part à la première résurrection ! La seconde mort n'a point de pouvoir sur eux ; mais ils seront sacrificateurs de Dieu et de Christ, et ils régneront avec lui pendant mille ans.* »

Réponse : ………………………………………………………………………..

Note: Le texte indique clairement que ceux qui participent à cette résurrection règnent avec le Christ pendant 1000 ans.

2. Qui participent à la première résurrection ? *Apocalypse 20 : 4 - 5*

« *Et je vis des trônes ; et à ceux qui s'y assirent fut donné le pouvoir de juger. Et je vis les âmes de ceux qui avaient été décapités à cause du témoignage de Jésus et à cause de la parole de Dieu, et de ceux qui n'avaient pas adoré la bête ni son image, et qui n'avaient pas reçu la marque sur leur front et sur leur main. Ils revinrent à la vie, et ils régnèrent avec Christ pendant mille ans. Les autres morts ne revinrent point à la vie jusqu'à ce que les mille ans fussent accomplis. C'est la première résurrection.* »

Réponse : ……………………………………………………………………..

Note: Ils sont appelés « *les saints* ». Ils n'ont jamais cédés sur leurs principes ni adorer la Bête et son image.

3. Quand la seconde résurrection a-t-elle lieu ? *Apocalypse 20 : 5*

« *Les autres morts ne revinrent point à la vie jusqu'à ce que les mille ans fussent accomplis. C'est la première résurrection.* »

Note: C'est la résurrection des méchants qui étaient morts. Jésus en parle comme étant la résurrection de la damnation.

LES DEUX RECOMPENSES

4. Quel grand évènement se produit lors de la première résurrection ? 1 Thessaloniciens 4 : 15 – 16

« Voici, en effet, ce que nous vous déclarons d'après la parole du Seigneur : nous les vivants, restés pour l'avènement du Seigneur, nous ne devancerons pas ceux qui sont morts. Car le Seigneur lui-même, à un signal donné, à la voix d'un archange, et au son de la trompette de Dieu, descendra du ciel, et les morts en Christ ressusciteront premièrement. »

Note: Le but du retour du Christ est de prendre avec lui, ses fidèles qui l'ont servi à travers les siècles.

5. Qu'arrive-t-il aux Saints lors du retour de Jésus-Christ ?

2 Thessaloniciens 1 : 7- 10 *« et de vous donner, à vous qui êtes affligés, du repos avec nous, lorsque le Seigneur Jésus apparaîtra du ciel avec les anges de sa puissance, au milieu d'une flamme de feu, pour punir ceux qui ne connaissent pas Dieu et ceux qui n'obéissent pas à l'Évangile de notre Seigneur Jésus. Ils auront pour châtiment une ruine éternelle, loin de la face du Seigneur et de la gloire de sa force, lorsqu'il viendra pour être, en ce jour-là, glorifié dans ses saints et admiré dans tous ceux qui auront cru, car notre témoignage auprès de vous a été cru. » ;*

2 Thessaloniciens 2 : 8 *« Et alors paraîtra l'impie, que le Seigneur Jésus détruira par le souffle de sa bouche, et qu'il anéantira par l'éclat de son avènement. » ;*

Esaïe 11 : 4 *« Mais il jugera les pauvres avec équité, Et il prononcera avec droiture sur les malheureux de la terre ; Il frappera la terre de sa parole comme d'une verge, Et du souffle de ses lèvres il fera mourir le méchant. »*

***6.* En quoi la seconde venue de Jésus affect-elle les Méchants morts ?** Apocalypse 20 : 5 *« Les autres morts ne revinrent point à la vie jusqu'à ce que les mille ans fussent accomplis. C'est la première résurrection. »*

Note: Les *« autres morts »* sont les Méchants morts au cours des siècles. Ils demeurent dans leurs tombes jusqu'à la fin des 1000 ans.

DEVASTATION UNIVERSELLES

7. Dans quel état se trouve la terre après le retour de Jésus ?

Apocalypse 16 : 18, 21 *« Et il y eut des éclairs, des voix, des tonnerres, et un grand tremblement de terre, tel qu'il n'y avait jamais eu depuis que l'homme est sur la terre, un aussi grand tremblement. Et une grosse grêle, dont les grêlons pesaient un talent, tomba du ciel sur les hommes ; et les hommes blasphémèrent Dieu, à cause du fléau de la grêle, parce que ce fléau était très grand.* »

Note: Ce sera le pire séisme que la terre n'ait jamais connu.

8. Comment sera la terre pendant les 1000 ans ?

a) Jérémie 4 : 23 – 26 « *Je regarde la terre, et voici, elle est informe et vide ; Les cieux, et leur lumière a disparu. Je regarde les montagnes, et voici, elles sont ébranlées ; Et toutes les collines chancellent. Je regarde, et voici, il n'y a point d'homme ; Et tous les oiseaux des cieux ont pris la fuite. Je regarde, et voici, le Carmel est un désert ; Et toutes ses villes sont détruites, devant l'Éternel, Devant son ardente colère.* »

b) Esaïe 24 : 1- 3 « *Voici, l'Éternel dévaste le pays et le rend désert, Il en bouleverse la face et en disperse les habitants. Et il en est du sacrificateur comme du peuple, Du maître comme du serviteur, De la maîtresse comme de la servante, Du vendeur comme de l'acheteur, Du prêteur comme de l'emprunteur, Du créancier comme du débiteur. Le pays est dévasté, livré au pillage ; Car l'Éternel l'a décrété.* »

c) Esaïe 5 : 30 « *En ce jour, il y aura près de lui un mugissement, Comme celui d'une tempête sur mer ; En regardant la terre, on ne verra que ténèbres, Avec des alternatives d'angoisse et d'espérance ; Au ciel, l'obscurité régnera.* »

Note: La terre est tellement ravagée par le retour de Jésus qu'elle retourne à l'état originel décrit par la Genèse, avant la création. Elle était informe et vide et dans les ténèbres. Genèse 1 : 1 – 2 « *Au commencement, Dieu créa les cieux et la terre. La terre était informe et vide : il y avait des ténèbres à la surface de l'abîme, et l'esprit de Dieu se mouvait au-dessus des eaux.* »

EVENEMENTS DURANT LES 1000 ANS.

9. Où Satan est-il enchainé pendant les 1000 ans et pourquoi ?

Apocalypse 20 : 3 « *Il le jeta dans l'abîme, ferma et scella l'entrée au-dessus de lui, afin qu'il ne séduisît plus les nations, jusqu'à ce que les mille ans fussent accomplis. Après cela, il faut qu'il soit délié pour un peu de temps.* »

Note: L'action séductrice et tentatrice du Diable est arrêtée. « *La chaine* » qui lie Satan en est une de circonstance. Il ne reste personne à séduire sur la terre. Les Méchants sont morts et les élus sont au ciel. Cette planète vide et ténébreuse devient la prison de Satan, un abîme sans fond.

10. Qui les Saints jugeront-ils pendant les 1000 ans ?

Apocalypse 20 : 4, 12-13 « *Et je vis des trônes ; et à ceux qui s'y assirent fut donné le pouvoir de juger. Et je vis les âmes de ceux qui avaient été décapités à cause du témoignage de Jésus et à cause de la parole de Dieu, et de ceux qui n'avaient pas adoré la bête ni son image, et qui n'avaient pas reçu la marque sur leur front et sur leur main. Ils revinrent à la vie, et ils régnèrent avec Christ pendant mille ans. Et je vis les morts, les grands et les petits, qui se tenaient devant le trône. Des livres furent ouverts. Et un autre livre fut ouvert, celui qui est le livre de vie. Et les morts furent jugés selon leurs œuvres, d'après ce qui était écrit dans ces livres. La mer rendit les morts qui étaient en elle, la mort et le séjour des morts rendirent les morts qui étaient en eux ; et chacun fut jugé selon ses œuvres.* »

Note: Ce jugement a lieu au ciel où se trouvent Jésus et les Saints. Voir 1 Corinthiens 6 : 2 - 3

11. Sur quoi le jugement est-il fondé ? Apocalypse 20 : 12 « *Et je vis les morts, les grands et les petits, qui se tenaient devant le trône. Des livres furent ouverts. Et un autre livre fut ouvert, celui qui est le livre de vie. Et les morts furent jugés selon leurs œuvres, d'après ce qui était écrit dans ces livres.* »

Note: Dieu veut que tout le monde connaisse sa justice et les raisons pour lesquelles il ne put sauver les perdus. Ce jugement permet de voir les nombreuses occasions offertes à chacun et comment la divinité a cherché à sauver les perdus. Tous seront convaincus, et pour l'éternité, de la justice de Dieu et ils diront : « *tes voix sont justes et véritables, Roi des nations !* » Apocalypse 15 : 3

LES EVENEMENTS A LA FIN DES 1000 ANS

12. Qui descend sur la terre à la fin des 1000 ans ?

Apocalypse 21 : 2, 10 « *Et je vis descendre du ciel, d'auprès de Dieu, la ville sainte, la nouvelle Jérusalem, préparée comme une épouse qui s'est parée pour son époux. Et il me transporta en esprit sur une grande et haute montagne. Et il me montra la ville sainte, Jérusalem, qui descendait du ciel d'auprès de Dieu, ayant la gloire de Dieu.* »

13. Sur cette terre où se trouvera située la nouvelle Jérusalem la Sainte Cité ? Zacharie : 14 : 1 - 5, 10

« *Je regardai, et voici, l'agneau se tenait sur la montagne de Sion, et avec lui cent quarante-quatre mille personnes, qui avaient son nom et le nom de son Père écrit sur leurs fronts. Et j'entendis du ciel une voix, comme un bruit de grosses eaux, comme le bruit d'un grand tonnerre ; et la voix que j'entendis était comme celle de joueurs de harpes jouant de leurs harpes. Et ils chantaient un cantique nouveau devant le trône, et devant les quatre êtres vivants et les vieillards. Et personne ne pouvait apprendre le cantique, si ce n'est les cent quarante-quatre mille, qui avaient été rachetés de la terre. Ce sont ceux qui ne se sont pas souillés avec des femmes, car ils sont vierges ; ils suivent l'agneau partout où il va. Ils ont été rachetés d'entre les hommes, comme des prémices pour Dieu et pour l'agneau ; et dans leur bouche il ne s'est point trouvée de mensonge, car ils sont irrépréhensibles. Il boira, lui aussi, du vin de la fureur de Dieu, versé sans mélange dans la coupe de sa colère, et il sera tourmenté dans le feu et le soufre, devant les saints anges et devant l'agneau.* »

Note: Le Seigneur quitta la terre du haut du Mont des Oliviers ; c'est là qu'il reviendra. La montagne s'ouvrira pour former une vaste plaine pour la Cité Sainte. Au début des 1000 ans, lors de sa seconde venue, Jésus est venu POUR chercher les païens *(Mathieu 24 : 31)*. Mais, lors de sa troisième venue, à la fin des 1000 ans, il vient AVEC les Saints, *(Zacharie 14 : 5)*

14. Qu'arrive-t-il à Satan quand descend la Nouvelle Jérusalem ? Apocalypse 20 : 7

« *Quand les mille ans seront accomplis, Satan sera relâché de sa prison.* »

Note: La seconde résurrection, celle des Méchants, a lieu à la fin des 1000 ans ; Apocalypse 20 : 5. Cette résurrection libère Satan, parce qu'il a de nouveau, des gens à séduire.

15. Satan a-t-il changé pendant les 1000 ans ? Apocalypse 2 : 7 - 8 « *Que celui qui a des oreilles entende ce que l'Esprit dit aux Églises : A celui qui vaincra je donnerai à manger de l'arbre de vie, qui est dans le paradis de Dieu. Écris à l'ange de l'Église de Smyrne : Voici ce que dit le premier et le dernier, celui qui était mort, et qui est revenu à la vie* »

Note: Satan recommence exactement là où il en était resté. La chaine de circonstance liant Satan est rompue. Il y a à nouveau des gens à séduire.

LE JOUR DE LA FIN DE SATAN ET DES PECHEURS

16. Qu'arrive-t-il quand Satan et les siens approchent de la nouvelle Jérusalem ? Apocalypse 20 : 14 « *Et la mort et le séjour des morts furent jetés dans l'étang de feu. C'est la seconde mort, l'étang de feu.* »

Note: Tous ressuscitent de la première mort ; Hébreux 9 : 27 ; Jean 5 : 28 – 29. Mais, de cette seconde mort, il n'y a pas de résurrection. C'est une destruction éternelle.

L'EDEN RESTAURE

17. Que fait Jésus après que la terre ait été brûlée ?

2 Pierre 3 : 10 « *Le jour du Seigneur viendra comme un voleur ; en ce jour, les cieux passeront avec fracas, les éléments embrasés se dissoudront, et la terre avec les œuvres qu'elle renferme sera consumée.* »

Esaïe 65 : 17 « *Car je vais créer de nouveaux cieux Et une nouvelle terre ; On ne se rappellera plus les choses passées, Elles ne reviendront plus à l'esprit.* »

Note: Ce sera extraordinaire de voir Jésus recréant ce monde.

18. Où Jésus vivra-il après avoir récrée la terre ?

Apocalypse 21 : 4 « *La muraille de la ville avait douze fondements, et sur eux les douze noms des douze apôtres de l'agneau.* »

Note: Jésus a promis aux débonnaires l'héritage de la terre ; Mathieu 5 : 5. « *Heureux les débonnaires, car ils hériteront la terre!* » En harmonie avec cette promesse, Dieu établira son royaume ici sur la nouvelle terre, et vivra avec son peuple. Attention ! Dieu ne déplace pas son royaume ici pour convertir les perdus. Son royaume ne s'installe sur la terre qu'après que les Méchants aient été jetés dans le feu.

PREUVES MATERIELS DU PARADIS TERRESTRE A PARTIR DES SAINTES ECRITURES

19. Comment des faits historico-géographiques contemporaines démontrent-elles l'existence du paradis terrestre ? Ezéchiel 31 : 13

« *A qui ressembles-tu ainsi en gloire et en grandeur Parmi les arbres d'Éden ? Tu seras précipité avec les arbres d'Éden Dans les profondeurs de la terre, Tu seras couché au milieu des incirconcis, Avec ceux qui ont péri par l'épée. Voilà Pharaon et toute sa multitude ! Dit le Seigneur* »

20. A quel emplacement se situait donc exactement le paradis ?

1 Corinthiens 2 : 4 – 6 « *Et ma parole et ma prédication ne reposaient pas sur les discours persuasifs de la sagesse, mais sur une démonstration d'Esprit et de puissance, afin que votre foi fût fondée, non sur la sagesse des hommes, mais sur la puissance de Dieu. Cependant, c'est une sagesse que nous prêchons parmi les parfaits, sagesse qui n'est pas de ce siècle, ni des chefs de ce siècle, qui vont être anéantis* »

21. Que représente l'Esprit dans ce passage pour démontrer la puissance de Dieu ? Jean 6 : 63

« *C'est l'esprit qui vivifie ; la chair ne sert de rien. Les paroles que je vous ai dites sont esprit et vie.* »

22. Comment la Parole de Dieu démontre-t-elle la puissance de Dieu ? Romain 1 : 18 – 32

« *La colère de Dieu se révèle du ciel contre toute impiété et toute injustice des hommes qui retiennent injustement la vérité captive, car ce qu'on peut connaître de Dieu est manifeste pour eux, Dieu le leur ayant fait connaître. En effet, les perfections invisibles de Dieu, sa puissance éternelle et sa divinité, se voient comme à l'œil, depuis la création du monde, quand on les considère dans ses ouvrages. Ils sont donc inexcusables, puisqu'ayant connu Dieu, ils ne l'ont point glorifié comme Dieu, et ne lui ont point rendu grâces ; mais ils se sont égarés dans leurs pensées, et leur cœur sans intelligence a été plongé dans les ténèbres. Se vantant d'être sages, ils sont devenus fous ; et ils ont changé la gloire du Dieu incorruptible en images représentant l'homme corruptible, des oiseaux, des quadrupèdes, et des reptiles. C'est pourquoi Dieu les a livrés à l'impureté, selon les convoitises de leurs cœurs ; en sorte qu'ils déshonorent eux-mêmes leurs propres corps ; eux qui ont changé la vérité de Dieu en mensonge, et qui ont adoré et servi la créature au lieu du Créateur, qui est béni éternellement. Amen ! C'est pourquoi Dieu les a livrés à des passions infâmes : car leurs femmes ont changé l'usage naturel en celui qui est contre nature ; et de même les hommes, abandonnant l'usage naturel de la femme, se sont enflammés dans leurs désirs les uns pour les autres, commettant homme avec homme des choses infâmes, et recevant en eux-mêmes le salaire que méritait leur égarement. Comme ils ne se sont pas souciés de connaître Dieu, Dieu les a livrés à leur sens réprouvé, pour commettre des choses indignes, étant remplis de toute espèce d'injustice, de méchanceté, de cupidité, de malice ; pleins d'envie, de meurtre, de querelle, de ruse, de malignité ; rapporteurs, médisants, impies, arrogants, hautains, fanfarons, ingénieux au mal, rebelles à leurs parents, dépourvus d'intelligence, de loyauté, d'affection naturelle, de miséricorde. Et, bien qu'ils connaissent le jugement de Dieu, déclarant dignes de mort ceux qui commettent de telles choses, non seulement ils les font, mais ils approuvent ceux qui les font.* »

23. Comment est transmise cette vie éternelle ? Jean 17 : 3

« *Or, la vie éternelle, c'est qu'ils te connaissent, toi, le seul vrai Dieu, et celui que tu as envoyé, Jésus Christ.* »

24. Comment les Hommes la reçoivent-ils ? Jean 17 : 17

« *Sanctifie-les par ta vérité : ta parole est la vérité.* »

25. De qui proviennent les saintes écritures ? 2 Timothée 3 : 16 – 17 « *Toute Écriture est inspirée de Dieu, et utile pour enseigner, pour convaincre, pour corriger, pour instruire dans la justice, afin que l'homme de Dieu soit accompli et propre à toute bonne œuvre.* »

FAIT MAJEUR I : LE JARDIN D'EDEN ET LE PARADIS TERRESTRE

DEMONSTRATION DE L'EXISTENCE DU PARADIS SUR TERRE

26. Comment les écritures saintes démontrent-elles l'existence du paradis sur terre ? Genèse 1 : 26 – 27

« *Puis Dieu dit : Faisons l'homme à notre image, selon notre ressemblance, et qu'il domine sur les poissons de la mer, sur les oiseaux du ciel, sur le bétail, sur toute la terre, et sur tous les reptiles qui rampent sur la terre. Dieu créa l'homme à son image, il le créa à l'image de Dieu, il créa l'homme et la femme.* »

27. Où les Hommes étaient-ils invités à vivre lorsque Dieu les créa? Genèse 1 : 28

« *Dieu les bénit, et Dieu leur dit : Soyez féconds, multipliez, remplissez la terre, et l'assujettissez ; et dominez sur les poissons de la mer, sur les oiseaux du ciel, et sur tout animal qui se meut sur la terre.* »

28. Quelle était la nourriture dont ils disposaient sur ordre de Dieu au paradis ? Genèse 1 : 29 « *Et Dieu dit : Voici, je vous donne toute herbe portant de la semence et qui est à la surface de toute la terre, et tout arbre ayant en lui du fruit d'arbre et portant de la semence : ce sera votre nourriture.* »

29. Par quelle matière Dieu forma-t-il l'Homme dans le jardin d'Eden la création ? Genèse 2 : 7 « *L'Éternel Dieu forma l'homme de la poussière de la terre, il souffla dans ses narines un souffle de vie et l'homme devint un être vivant.* »

30. Qui était à l'origine des premiers plans d'arbre dans ce jardin d'Eden ? Genèse 2 : 8 – 9

« *Puis l'Éternel Dieu planta un jardin en Éden, du côté de l'orient, et il y mit l'homme qu'il avait formé. L'Éternel Dieu fit pousser du sol des arbres de toute espèce, agréables à voir et bons à manger, et l'arbre de la vie au milieu du jardin, et l'arbre de la connaissance du bien et du mal.* »

31. Que localisait-on en plus dans le jardin d'Eden ?

Genèse 2 : 10 « *Un fleuve sortait d'Éden pour arroser le jardin, et de là il se divisait en quatre bras.* »

32. Quels étaient les noms de ces quatre fleuves ?

Genèse 2 : 11 – 14 « *Le nom du premier est Pischon ; c'est celui qui entoure tout le pays de Havila, où se trouve l'or. L'or de ce pays est pur ; on y trouve aussi le bdellium et la pierre d'onyx. Le nom du second fleuve est Guihon ; c'est celui qui entoure tout le pays de Cusch. Le nom du troisième est Hiddékel ; c'est celui qui coule à l'orient de l'Assyrie. Le quatrième fleuve, c'est l'Euphrate.* »

33. Où pouvons-nous situer aujourd'hui sur une carte moderne, l'existence de ces fleuves évoqués dans la Bible ?

Note : Sur une carte du Moyen Orient on retrouve tous les quatre fleuves évoqués dans la Bible. Le Moyen-Orient c'est également un territoire où se situe le pays appelé Turquie ! La Turquie est traversée par un fleuve nommé le Tigre qui coule actuellement. Il y a encore un autre fleuve qui sort toujours de la Turquie et qui se jette dans un deuxième fleuve appelé Euphrate.

34. Est-ce que ces noms-là ont été évoqués dans la Bibliques ?

Note : En mathématiques nous savons que par deux points il ne passe qu'une et une seule droite. Alors si nous pouvons situer ces eux fleuves, il est indéniable que les deux autres fleuves également ont pu exister ! Mais pour rester très exacte dans la vérité des faits, nous rapporterons ici l'exploration de cette partie de la terre par certaines personnes. Ayant fait des photos sur l'exacte position de ces deux fleuves, nous croyons en leur existence réelle.

35. Cependant on devrait se poser la question de l'emplacement de ces deux autres fleuves sur une carte ?

Esaïe 19 : 5 - 7 « Les eaux de la mer tariront, Le fleuve deviendra sec et aride ; Les rivières seront infectes, Les canaux de l'Égypte seront bas et desséchés, Les joncs et les roseaux se flétriront. Ce ne sera que nudité le long du fleuve, à l'embouchure du fleuve ; Tout ce qui aura été semé près du fleuve se desséchera, Se réduira en poussière et périra. »

36. Quels éléments ont été à l'origine du déclenchement de la polémique sur la nature du paradis terrestre tant ignoré par les Eglises sectaires d'aujourd'hui ?

Note: Lors de la guerre en Irak, avec les images satellitaires vont rechercher certaines bombes qui sont perdus, ils vont constater que dans le sous-sol il deux fleuves qui coulent encore, mais dont le sable a déjà enfoui totalement et boucher la source. Et ces fleuves sont donc les deux autres fleuves qui prennent toutes leurs racines dans le centre de la Turquie, objet de la présente étude biblique, qu'ont démontré la récente guerre d'Irak dans le conflit qui opposait cette dernière aux américains, comme étant les deux fleuves manquant dans le livre de la Genèse déterminé par le **Pischon** et le **Guihon**.

37. Comment ont-ils procéder à la mise en évidence de cette vérité capitale ?

Note: Alors une équipe d'archéologues se sont rendus à cet endroit où ils ont mené des fouilles, ils y ont trouvé des peintures rupestres. Et ces peintures rupestres représentaient des personnes et des animaux. Et nous savons que l'activité agro pastorale ne se pratique aucunement dans un endroit aride et désertique ! En conclusion il faut admettre l'existence d'eau à cet endroit, voilà pourquoi les Hommes y pratiquaient l'élevage. Il a été découvert aussi dans cet endroit des troncs d'arbres fossilisés. Très gigantesques, il fut également trouvé dans cet endroit une fossile de libellule. Mais la particularité de cette fossile, c'est que son aile déployé fait 1 Mètre de mesure. Nous ne pourrons ignorer l'existence de certains animaux tels que les dinosaures et les mammouths par la preuve de ce gigantisme découvert sur l'endroit géographique du jardin d'Eden. Il a été aussi découvert un os du fémur d'un être humain, comparant cet os à un géant de notre ère (2 m), il s'en est trouvé que l'os en question mesurait la taille exacte de notre contemporain.

38. Mais qu'est ce qui explique ce gigantisme des Hommes, des animaux, des oiseaux et des arbres de l'époque édénique ?

Genèse 1 : 6 « *Dieu dit : Qu'il y ait une étendue entre les eaux, et qu'elle sépare les eaux d'avec les eaux.* » Genèse 2 : 5- 6 « *Lorsque l'Éternel Dieu fit une terre et des cieux, aucun arbuste des champs n'était encore sur la terre, et aucune herbe des champs ne germait encore : car l'Éternel Dieu n'avait pas fait pleuvoir sur la terre, et il n'y avait point d'homme pour cultiver le sol. Mais une vapeur s'éleva de la terre, et arrosa toute la surface du sol.* »

39. L'Homme dans le jardin d'Eden de quoi vivait-il ?

Genèse 2 : 15 – 17 « *L'Éternel Dieu prit l'homme, et le plaça dans le jardin. L'Éternel Dieu donna cet ordre à l'homme : Tu pourras manger de tous les arbres du jardin ; mais tu ne mangeras pas de l'arbre de la connaissance du bien et du mal, car le jour où tu en mangeras, tu mourras.* »

40. Que fit Dieu pour permettre à l'homme de se multiplier sur la terre ? Genèse 2 : 21 – 25

« *L'Éternel Dieu dit : Il n'est pas bon que l'homme soit seul ; je lui ferai une aide semblable à lui. Alors l'Éternel Dieu fit tomber un profond sommeil sur l'homme, qui s'endormit ; il prit une de ses côtes, et referma la chair à sa place. L'Éternel Dieu forma une femme de la côte qu'il avait prise de l'homme, et il l'amena vers l'homme. Et l'homme dit : Voici cette fois celle qui est os de mes os et chair de ma chair ! On l'appellera femme, parce qu'elle a été prise de l'homme. C'est pourquoi l'homme quittera son père et sa mère, et s'attachera à sa femme, et ils deviendront une seule chair. L'homme et sa femme étaient tous deux nus, et ils n'en avaient point honte.* »

41. A partir de quelle matière furent également crées les espèces animalières de la terre ? Genèse 2 : 19 - 20

« *L'Éternel Dieu forma de la terre tous les animaux des champs et tous les oiseaux du ciel, et il les fit venir vers l'homme, pour voir comment il les appellerait, et afin que tout être vivant portât le nom que lui donnerait l'homme. Et l'homme donna des noms à tout le bétail, aux oiseaux du ciel et à tous les animaux des champs ; mais, pour l'homme, il ne trouva point d'aide semblable à lui.* »

42. Mais pourquoi ne retrouvons-nous plus le jardin d'Eden ? Genèse 3 : 24 « *C'est ainsi qu'il chassa Adam ; et il mit à l'orient du jardin d'Éden les chérubins qui agitent une épée flamboyante, pour garder le chemin de l'arbre de vie.* »

Note: Tant qu'Adam vivait dans le jardin d'Eden, les chérubins restèrent plantés là pour en garder l'entrée. Mais une fois mort, Dieu rappela ses chérubins auprès de Lui.

43. Que fit Dieu du reste du jardin après la mort d'Adam ? Ezéchiel 31 : 13 « *A qui ressembles-tu ainsi en gloire et en grandeur Parmi les arbres d'Éden ? Tu seras précipité avec les arbres d'Éden Dans les profondeurs de la terre, Tu seras couché au milieu des incirconcis, Avec ceux qui ont péri par l'épée. Voilà Pharaon et toute sa multitude ! Dit le Seigneur* »

Note: Dieu va donc ouvrir sous la terre une sorte de cratère en y précipitant tous les arbres qui constituaient le jardin d'Eden, dans les profondeurs de la terre. Et avec les matières minérales rappelons que deux fleuves y avaient déjà été engloutis. Associés aux arbres du jardin d'Eden cela va contribuer à accélérer la destruction de toute cette couche florale. Résulta il va naitre une nouvelle énergie fossile connue plus tard du monde d'alors : l'hydrocarbure en ces temps-là encore appelé Bitume et utiliser par ceux qui construisaient la tour de Babel, matière vulgairement appelée Pétrole de nos jours. Cette découverte se fera exactement à l'endroit où avait existé le Jardin d'Eden, le Paradis !

44. Quelle est la deuxième évidence de cette découverte du pétrole, issu de l'hydrocarbure à cet endroit ? Genèse 14 : 10

« La vallée de Siddim était couverte de puits de bitume ; le roi de Sodome et celui de Gomorrhe prirent la fuite, et y tombèrent ; le reste s'enfuit vers la montagne. »

Note: Un richissime magnat du pétrole, un juif américain nommé Rock Feler, fit cette découverte dit-on à travers la lecture de ce passage de la Bible, entrepris d'y procéder aux premiers forages pétroliers. Surprise ; c'était l'homme le plus riche de sa génération.

Conclusion intermédiaire: Le pays autre fois arrosé par les quatre fleuves du jardin d'Eden, enfouit sous les décombres de la plus grande réserve florale du monde, est devenu la réserve de la plus grande quantité mondialement connue de pétrole.

FAIT MAJEUR II : LE DELUGE ET LA DESTRUCTION DU MONDE D'ALORS

DEMONSTRATION DU DELUGE PLANETAIRE : DECOUVERTE DE L'ARCHE DE Noé, ET EXPLICATION DES GLACIERS POLAIRES

45. Que s'est-il passé pour que Dieu fasse pleuvoir un déluge d'eau sur toute la surface de la terre ? Genèse 6 : 5 – 8

« L'Éternel vit que la méchanceté des hommes était grande sur la terre, et que toutes les pensées de leur cœur se portaient chaque jour uniquement vers le mal. L'Éternel se repentit d'avoir fait l'homme sur la terre, et il fut affligé en son cœur. Et l'Éternel dit : J'exterminerai de la face de la terre l'homme que j'ai créé, depuis l'homme jusqu'au bétail, aux reptiles, et aux oiseaux du ciel ; car je me repens de les avoir faits. Mais Noé trouva grâce aux yeux de l'Éternel. »

46. Noé trouva grâce devant Dieu, Comment comprendre la grâce ?

Romain 4 : 16 – 18 « *C'est pourquoi les héritiers le sont par la foi, pour que ce soit par grâce, afin que la promesse soit assurée à toute la postérité, non seulement à celle qui est sous la loi, mais aussi à celle qui a la foi d'Abraham, notre père à tous, selon qu'il est écrit : Je t'ai établi père d'un grand nombre de nations. Il est notre père devant celui auquel il a cru, Dieu, qui donne la vie aux morts, et qui appelle les choses qui ne sont point comme si elles étaient. Espérant contre toute espérance, il crut, en sorte qu'il devint père d'un grand nombre de nations, selon ce qui lui avait été dit : Telle sera ta postérité. »*

47. Comment se présente la démarche du salut de Dieu ?

Romain 9 : 11 – 14 « *car, quoique les enfants ne fussent pas encore nés et ils n'eussent fait ni bien ni mal, -afin que le dessein d'élection de Dieu subsistât, sans dépendre des œuvres, et par la seule volonté de celui qui appelle, - il fut dit à Rébecca : L'aîné sera assujetti au plus jeune ; selon qu'il est écrit : J'ai aimé Jacob Et j'ai haï Ésaü. »*

48. Ceux dont Dieu se charge de sauver tel que dit ailleurs Romain 9 : 15 *Que dirons-nous donc ? Y a-t-il en Dieu de l'injustice ? Loin de là ! Car il dit à Moïse : Je ferai miséricorde à qui je fais miséricorde, et j'aurai compassion de qui j'ai compassion. »*

49. Que fait Dieu du reste ? Genèse 7 : 4 « *Car, encore sept jours, et je ferai pleuvoir sur la terre quarante jours et quarante nuits, et j'exterminerai de la face de la terre tous les êtres que j'ai faits. »*

50. Comment Yahwéh Dieu se fit-il appelé lorsqu'il agit pour punir les Méchants ?

1 Corinthiens 10 : 8 - 14 « *Ne nous livrons point à l'impudicité, comme quelques-uns d'eux s'y livrèrent, de sorte qu'il en tomba vingt-trois mille en un seul jour. Ne tentons point le Seigneur, comme le tentèrent quelques-uns d'eux, qui périrent par les serpents. Ne murmurez point, comme murmurèrent quelques-uns d'eux, qui périrent par l'* ***exterminateur****. Ces choses leur sont arrivées pour servir d'exemples, et elles ont été écrites pour notre instruction, à nous qui sommes parvenus à la fin des siècles. Ainsi donc, que celui qui croit être debout prenne garde de tomber ! Aucune tentation ne vous est survenue qui n'ait été humaine, et Dieu, qui est fidèle, ne permettra pas que vous soyez tentés au-delà de vos forces ; mais avec la tentation il préparera aussi le moyen d'en sortir, afin que vous puissiez la supporter. C'est pourquoi, mes bien-aimés, fuyez l'idolâtrie. »*

51. Comment Dieu procéda-t-il au salut de Noé ?

Genèse 6 : 12 – 22 « *Dieu regarda la terre, et voici, elle était corrompue ; car toute chair avait corrompu sa voie sur la terre. Alors Dieu dit à Noé : La fin de toute chair est arrêtée par devers moi ; car ils ont rempli la terre de violence ; voici, je vais les détruire avec la terre. Fais-toi une arche de bois de gopher ; tu disposeras cette arche en cellules, et tu l'enduiras de poix en dedans et en dehors.*

Voici comment tu la feras : l'arche aura trois cents coudées de longueur, cinquante coudées de largeur et trente coudées de hauteur. Tu feras à l'arche une fenêtre, que tu réduiras à une coudée en haut ; tu établiras une porte sur le côté de l'arche ; et tu construiras un étage inférieur, un second et un troisième. Et moi, je vais faire venir le déluge d'eaux sur la terre, pour détruire toute chair ayant souffle de vie sous le ciel ; tout ce qui est sur la terre périra. Mais j'établis mon alliance avec toi ; tu entreras dans l'arche, toi et tes fils, ta femme et les femmes de tes fils avec toi. De tout ce qui vit, de toute chair, tu feras entrer dans l'arche deux de chaque espèce, pour les conserver en vie avec toi : il y aura un mâle et une femelle. Des oiseaux selon leur espèce, du bétail selon son espèce, et de tous les reptiles de la terre selon leur espèce, deux de chaque espèce viendront vers toi, pour que tu leur conserves la vie. Et toi, prends de tous les aliments que l'on mange, et fais-en une provision auprès de toi, afin qu'ils te servent de nourriture ainsi qu'à eux. C'est ce que fit Noé : il exécuta tout ce que Dieu lui avait ordonné. »

52. Qu'en est-il des conditions pour celui qui voudrait entrer au ciel ? Jean 3 : 3 - 11 « *Jésus lui répondit : En vérité, en vérité, je te le dis, si un homme ne naît de nouveau, il ne peut voir le royaume de Dieu. Nicodème lui dit : Comment un homme peut-il naître quand il est vieux ? Peut-il rentrer dans le sein de sa mère et naître ? Jésus répondit : En vérité, en vérité, je te le dis, si un homme ne naît d'eau et d'Esprit, il ne peut entrer dans le royaume de Dieu. Ce qui est né de la chair est chair, et ce qui est né de l'Esprit est Esprit. Ne t'étonne pas que je t'aie dit : Il faut que vous naissiez de nouveau. Le vent souffle où il veut, et tu en entends le bruit ; mais tu ne sais d'où il vient, ni où il va. Il en est ainsi de tout homme qui est né de l'Esprit. Nicodème lui dit : Comment cela peut-il se faire ? Jésus lui répondit : Tu es le docteur d'Israël, et tu ne sais pas ces choses ! En vérité, en vérité, je te le dis, nous disons ce que nous savons, et nous rendons témoignage de ce que nous avons vu ; et vous ne recevez pas notre témoignage.* »

53. Qui est celui qui procède à la sélection de ceux qui doivent entrer dans l'arche ? Genèse 6 : 12 – 22

« *L'Éternel dit à Noé : Entre dans l'arche, toi et toute ta maison ; car je t'ai vu juste devant moi parmi cette génération. Tu prendras auprès de toi sept couples de tous les animaux purs, le mâle et sa femelle ; une paire des animaux qui ne sont pas purs, le mâle et sa femelle ; sept couples aussi des oiseaux du ciel, mâle et femelle, afin de conserver leur race en vie sur la face de toute la terre. Car, encore sept jours, et je ferai pleuvoir sur la terre quarante jours et quarante nuits, et j'exterminerai de la face de la terre tous les êtres que j'ai faits. Noé exécuta tout ce que l'Éternel lui avait ordonné. Noé avait six cents ans, lorsque le déluge d'eaux fut sur la terre. Et Noé entra dans l'arche avec ses fils, sa femme et les femmes de ses fils, pour échapper aux eaux du déluge. D'entre les animaux purs et les animaux qui ne sont pas purs, les oiseaux et tout ce qui se meut sur la terre, il entra dans l'arche auprès de Noé, deux à deux, un mâle et une femelle, comme Dieu l'avait ordonné à Noé. Sept jours après, les eaux du déluge furent sur la terre.* »

54. Combien de personnes furent sauvées du temps du déluge de Noé ? 1 Pierre 3 : 18 – 22 « *Christ aussi a souffert une fois pour les péchés, lui juste pour des injustes, afin de nous amener à Dieu, ayant été mis à mort quant à la chair, mais ayant été rendu vivant quant à l'Esprit, dans lequel aussi il est allé prêcher aux esprits en prison, qui autrefois avaient été incrédules, lorsque la patience de Dieu se prolongeait, aux jours de Noé, pendant la construction de l'arche, dans laquelle un petit nombre de personnes, c'est-à-dire huit, furent sauvées à travers l'eau. Cette eau était une figure du baptême, qui n'est pas la purification des souillures du corps, mais l'engagement d'une bonne conscience envers Dieu, et qui maintenant vous sauve, vous aussi, par la résurrection de Jésus Christ, qui est à la droite de Dieu, depuis qu'il est allé au ciel, et que les anges, les autorités et les puissances, lui ont été soumis.* »

55. Qui se chargea de fermer la porte de l'arche ?

Genèse 7 : 16 « *Il en entra, mâle et femelle, de toute chair, comme Dieu l'avait ordonné à Noé. Puis l'Éternel ferma la porte sur lui.* »

56. Qu'en sera-t-il de cette fin du monde actuel ?

Mathieu 24 37 – 46 « *Ce qui arriva du temps de Noé arrivera de même à l'avènement du Fils de l'homme. Car, dans les jours qui précédèrent le déluge, les hommes mangeaient et buvaient, se mariaient et mariaient leurs enfants, jusqu'au jour où Noé entra dans l'arche ; et ils ne se doutèrent de rien, jusqu'à ce que le déluge vînt et les emportât tous : il en sera de même à l'avènement du Fils de l'homme. Alors, de deux hommes qui seront dans un champ, l'un sera pris et l'autre laissé ; de deux femmes qui moudront à la meule, l'une sera prise et l'autre laissée. Veillez donc, puisque vous ne savez pas quel jour votre Seigneur viendra. Sachez-le bien, si le maître de la maison savait à quelle veille de la nuit le voleur doit venir, il veillerait et ne laisserait pas percer sa maison. C'est pourquoi, vous aussi, tenez-vous prêts, car le Fils de l'homme viendra à l'heure où vous n'y penserez pas. Quel est donc le serviteur fidèle et prudent, que son maître a établi sur ses gens, pour leur donner la nourriture au temps convenable ? Heureux ce serviteur, que son maître, à son arrivée, trouvera faisant ainsi !* »

57. Comment Noé fut-il averti de tout ce qui allait arriver ?

Hébreux 11 : 7 « *C'est par la foi que Noé, divinement averti des choses qu'on ne voyait pas encore, et saisi d'une crainte respectueuse, construisit une arche pour sauver sa famille ; c'est par elle qu'il condamna le monde, et devint héritier de la justice qui s'obtient par la foi.* »

58. Les Hommes pouvaient-ils ouvrir la porte de l'arche ?
Apocalypse 3 : 7 « *Écris à l'ange de l'Église de Philadelphie : Voici ce que dit le Saint, le Véritable, celui qui a la clef de David, celui qui ouvre, et personne ne fermera, celui qui ferme, et peut ouvrir.* »

59. En est-il un nombre de personnes connus au retour de Jésus qui seront sauvé ? Apocalypse 7 : 1 - 4

« *Après cela, je vis quatre anges debout aux quatre coins de la terre ; ils retenaient les quatre vents de la terre, afin qu'il ne soufflât point de vent sur la terre, ni sur la mer, ni sur aucun arbre. Et je vis un autre ange, qui montait du côté du soleil levant, et qui tenait le sceau du Dieu vivant ; il cria d'une voix forte aux quatre anges à qui il avait été donné de faire du mal à la terre et à la mer, et il dit : Ne faites point de mal à la terre, ni à la mer, ni aux arbres, jusqu'à ce que nous ayons marqué du sceau le front des serviteurs de notre Dieu. Et j'entendis le nombre de ceux qui avaient été marqués du sceau, cent quarante-quatre mille, de toutes les tribus des fils d'Israël.* »

60. Où est ce que l'arche de Noé s'est-elle arrêtée ?

Genèse 8 : 4 « *Dieu se souvint de Noé, de tous les animaux et de tout le bétail qui étaient avec lui dans l'arche ; et Dieu fit passer un vent sur la terre, et les eaux s'apaisèrent. Les sources de l'abîme et les écluses des cieux furent fermées, et la pluie ne tomba plus du ciel. Les eaux se retirèrent de dessus la terre, s'en allant et s'éloignant, et les eaux diminuèrent au bout de cent cinquante jours. Le septième mois, le dix-septième jour du mois, l'arche s'arrêta sur les montagnes d'Ararat.* »

61. Pour quoi cette exclusivité du nom anciennement connu du mont Ararat ? Galates 3 : 15 – 17

« *Frères (je parle à la manière des hommes), une disposition en bonne forme, bien que faite par un homme, n'est annulée par personne, et personne n'y ajoute. Or les promesses ont été faites à Abraham et à sa postérité. Il n'est pas dit : et aux postérités, comme s'il s'agissait de plusieurs, mais en tant qu'il s'agit d'une seule : et à ta postérité, c'est-à-dire, à Christ. Voici ce que j'entends*

: une disposition, que Dieu a confirmée antérieurement, ne peut pas être annulée, et ainsi la promesse rendue vaine, par la loi survenue quatre cents trente ans plus tard. »

62. Existe-il une montagne répertoriée du nom d'Ararat de nos jours ?

Note: Effectivement en Arménie sur une chaine de montagnes, il existe une montagne du nom d'Ararat, qui a gardé son nom jusqu'aujourd'hui. Bien que plusieurs endroits de la terre aient changé leurs appellations. Mais le mont Ararat a gardé son nom jusqu'aujourd'hui. Et il y a au-dessus de cette montagne une couche de glace. On se questionne sur l'existence de cette nappe de glace conservée dans une zone désertique et en altitude ! Or il se trouve l'intérêt de la glace n'est plus à démontrer. Elle sert de conservateur pour les aliments, mais également elle peut garder les objets dans leurs états initiaux. Ararat était donc un congélateur à ciel ouvert pour Dieu, dans la mesure où il a été retrouvé sur cette montagne recouverte de glace en plein désert les restes d'une embarcation dont les mesures en longueur et en largeur faisaient exactement celles de l'arche de Noé. Aussi des expériences de datation par "carbone 14" ont donné une date correspondant exactement à la date où la Bible situe la fin du déluge et du stationnement de l'arche sur le mont Ararat. Justement pour confondre ceux et celles qui mettent en doute la parole divine qu'est la Bible en cette fin des temps où nous attendons bientôt Jésus le Fils de Dieu qui se prépare à venir chercher ses élus.

63. Quelles sont les preuves irréfutables des affirmations scientifiques sur l'existence de l'arche de Noé dont nous en parlons dans cette étude Biblique ?

Note: Un pilote qui survolait cette région. A la faveur des changements climatiques qui favorisent la fonte des glaciers, constata qu'il existe une grande maison en bois sur cette montagne. Et il décida de s'y rendre après cette découverte accompagnée de son fils pour y effectuer une excursion. Ce pilote se nommait Fernand Navarro. Ils procédèrent à des prélèvements de spécimens de bois de ladite maison en bois pour des expériences de datations.

64. Est-ce que l'arche de Noé existe-elle encore, avons-nous des preuves de son existence ?

Note: De même qu'en 2010, une équipe d'évangélistes s'y sont rendue également, ayant entendu parler de la fabuleuse découverte. Leur objectif était de prendre des mesures pour vérifier la conformité des dimensions déclarée dans la Bible. Toutes les informations après vérification, étaient parfaitement en conformité avec les affirmations de la Bible ! Le bois de gopher, qui avait servi à la construction de l'arche, put effectivement donner l'ancienneté de cette antiquité à plus de 5000 ans par le procédé scientifique du carbone 14 ! Et c'est effectivement l'âge qu'a eu le déluge dans la parole de Dieu, la Bible.

65. Alors on pourrait se demander où sont passées ces eaux qui avaient rempli la terre ? *Genèse 8 : 1 – 3*

« *Dieu se souvint de Noé, de tous les animaux et de tout le bétail qui étaient avec lui dans l'arche ; et Dieu fit passer un vent sur la terre, et les eaux s'apaisèrent. Les sources de l'abîme et les écluses des cieux furent fermées, et la pluie ne tomba plus du ciel. Les eaux se retirèrent de dessus la terre, s'en allant et s'éloignant, et les eaux diminuèrent au bout de cent cinquante jours.* »

Note: Par son souffle, Dieu produisit la glace pour réduire l'espace des eaux sur la surface de la terre. En les amoncelant sur les pôles ces eaux devinrent des glaciers de la terre permettant ainsi à Noé et sa famille de sortir et d'y vivre sur la terre redevenue ferme après le déluge. Et aussi une autre partie de ces eaux Dieu les met dans les mers, dans les abîmes. Psaume 33 : 6 – 15 « *Les cieux ont été faits par la parole de l'Éternel, Et toute leur armée par le souffle de sa bouche. Il amoncelle en un tas les eaux de la mer, Il met dans des réservoirs les abîmes. Que toute la terre craigne l'Éternel ! Que tous les habitants du monde tremblent devant lui ! Car il dit, et la chose arrive ; Il ordonne, et elle existe. L'Éternel renverse les desseins des nations, Il anéantit les projets des peuples ; Les desseins de l'Éternel subsistent à toujours, Et les projets de son cœur, de génération en génération. Heureuse la nation dont l'Éternel est le Dieu ! Heureux le peuple qu'il choisit pour son héritage ! L'Éternel regarde du haut des cieux, Il voit tous les fils de l'homme ; Du lieu de sa demeure il observe Tous les habitants de la terre, Lui qui forme leur cœur à tous, Qui est attentif à toutes leurs actions.* »

66. Dieu a promis ne plus détruire la terre par l'eau. Mais comment va-t-il le faire à la fin du monde ? *2 Pierre 3 : 5 – 7*

« *Ils veulent ignorer, en effet, que des cieux existèrent autrefois par la parole de Dieu, de même qu'une terre tirée de l'eau et formée au moyen de l'eau, et que par ces choses le monde d'alors périt, submergé par l'eau, tandis que, par la même parole, les cieux et la terre d'à présent sont gardés et réservés pour le feu, pour le jour du jugement et de la ruine des hommes impies.* » Sophonie 1 : 1 - 18 « *Je détruirai tout sur la face de la terre, Dit l'Éternel. Je détruirai les hommes et les bêtes, Les oiseaux du ciel et les poissons de la mer, Les objets de scandale, et les méchants avec eux ; J'exterminerai les hommes de la face de la terre, Dit l'Éternel. J'étendrai ma main sur Juda, Et sur tous les habitants de Jérusalem ; J'exterminerai de ce lieu les restes de Baal, Le nom de ses ministres et les prêtres avec eux, Ceux qui se prosternent sur les toits devant l'armée des cieux, Ceux qui se prosternent en jurant par l'Éternel Et en jurant par leur roi, Ceux qui se sont détournés de l'Éternel, Et ceux qui ne cherchent pas l'Éternel, Qui ne le consultent pas. Silence devant le Seigneur, l'Éternel ! Car le jour de l'Éternel est proche, Car l'Éternel a préparé le sacrifice, Il a choisi ses conviés. Au jour du sacrifice de l'Éternel, Je châtierai les princes et les fils du roi, Et tous ceux qui portent des vêtements étrangers. En ce jour-là, je châtierai tous ceux qui sautent par-dessus le seuil, Ceux qui remplissent de violence et de fraude la maison de leur maître. En ce jour-là, dit l'Éternel, Il y aura des cris à la porte des poissons, Des lamentations dans l'autre quartier de la ville, Et un grand désastre sur les collines. Gémissez, habitants de Macthesch ! Car tous ceux qui trafiquent sont détruits, Tous les hommes chargés d'argent sont exterminés. En ce temps-là, je fouillerai Jérusalem avec des lampes, Et je châtierai les hommes qui reposent sur leurs lies, Et qui disent dans leur cœur : L'Éternel ne fait ni bien ni mal. Leurs biens seront au pillage, Et leurs maisons seront dévastées ; Ils auront bâti des maisons, qu'ils n'habiteront plus, Ils auront planté des vignes, dont ils ne boiront plus le vin. Le grand jour de l'Éternel est proche, Il est proche, il arrive en toute hâte ; Le jour de l'Éternel fait entendre sa voix, Et le héros pousse des cris amers. Ce jour est un jour de fureur, Un jour de détresse et d'angoisse, Un jour de ravage et de destruction, Un jour de ténèbres et d'obscurité, Un jour de nuées et de brouillards, Un jour où retentiront la trompette et les cris de guerre Contre les villes fortes et les tours élevées. Je mettrai les hommes dans la détresse, Et ils marcheront comme des aveugles, Parce qu'ils ont péché contre l'Éternel ; Je répandrai leur sang comme de la poussière, Et leur chair comme de l'ordure. Ni leur argent ni leur or ne pourront les délivrer, Au jour de la fureur de l'Éternel ; Par le feu de sa jalousie tout le pays sera consumé ; Car il détruira soudain tous les habitants du pays.*»

FAIT MAJEUR III : LA TRAVERSEE DE LA MER : LES OSSEMENTS DE RAMSES DANS UN MUSEE

DEMONSTRATION DE LA DELIVRANCE DES HEBREUX ET DE LA NOYADE DE PHARAON

67. Qui montra la voix au peuple à la sortie d'Egypte ?

Exode 13 : 17 « Lorsque Pharaon laissa aller le peuple, Dieu ne le conduisit point par le chemin du pays des Philistins, quoique le plus proche ; car Dieu dit : Le peuple pourrait se repentir en voyant la guerre, et retourner en Égypte. »

68. Autre fois, ils empruntèrent plusieurs routes. Est-ce le cas aujourd'hui ? *Jean 14 : 6*

« Jésus lui dit : Je suis le chemin, la vérité, et la vie. Nul ne vient au Père que par moi.

69. Si je veux échapper au feu où mon nom doit-il être inscrit ?

Apocalypse 20 : 15

Dans le .... de ....

Note: Ceux dont le nom n'est pas écrit dans le livre de vie n'auront pas une seconde chance d'être sauvés.

70. Votre nom est-il dans le Livre de Vie de l'Agneau ? Pourquoi ?

71. Qui Jésus invite-il dans son royaume ? *Apocalypse 22 : 17*

« Que .... qui veut ....de l'............ de la vie gratuitement ».

72. Etes-vous décidé à vous attacher à la vie éternelle disponible pour vous par Jésus ?

Réponse : ....

CONCLUSION

Révélation 21 : 1 - 27 « *Puis je vis un nouveau ciel et une nouvelle terre ; car le premier ciel et la première terre avaient disparu, et la mer n'était plus. Et je vis descendre du ciel, d'auprès de Dieu, la ville sainte, la nouvelle Jérusalem, préparée comme une épouse qui s'est parée pour son époux. Et j'entendis du trône une forte voix qui disait : Voici le tabernacle de Dieu avec les hommes ! Il habitera avec eux, et ils seront son peuple, et Dieu lui-même sera avec eux. Il essuiera toute larme de leurs yeux, et la mort ne sera plus, et il n'y aura plus ni deuil, ni cri, ni douleur, car les premières choses ont disparu. Et celui qui était assis sur le trône dit : Voici, je fais toutes choses nouvelles. Et il dit : Écris ; car ces paroles sont certaines et véritables. Et il me dit : C'est fait ! Je suis l'alpha et l'oméga, le commencement et la fin. A celui qui a soif je donnerai de la source de l'eau de la vie, gratuitement. Celui qui vaincra héritera ces choses ; je serai son Dieu, et il sera mon fils. Mais pour les lâches, les incrédules, les abominables, les meurtriers, les impudiques, les enchanteurs, les idolâtres, et tous les menteurs, leur part sera dans l'étang ardent de feu et de soufre, ce qui est la seconde mort. Puis un des sept anges qui tenaient les sept coupes remplies des sept derniers fléaux vint, et il m'adressa la parole, en disant : Viens, je te montrerai l'épouse, la femme de l'agneau. Et il me transporta en esprit sur une grande et haute montagne. Et il me montra la ville sainte, Jérusalem, qui descendait du ciel d'auprès de Dieu, ayant la gloire de Dieu. Son éclat était semblable à celui d'une pierre très précieuse, d'une pierre de jaspe transparente comme du cristal. Elle avait une grande et haute muraille. Elle avait douze portes, et sur les portes douze anges, et des noms écrits, ceux des douze tribus des fils d'Israël : à l'orient trois portes, au nord trois portes, au midi trois portes, et à l'occident trois portes. La muraille de la ville avait douze fondements, et sur eux les douze noms des douze apôtres de l'agneau. Celui qui me parlait avait pour mesure un roseau d'or, afin de mesurer la ville, ses portes et sa muraille. La ville avait la forme d'un carré, et sa longueur était égale à sa largeur. Il mesura la ville avec le roseau, et trouva douze mille stades ; la longueur, la largeur et la hauteur en étaient égales. Il mesura la muraille, et trouva cent quarante-quatre coudées, mesure d'homme, qui était celle de l'ange. La muraille était construite en jaspe, et la ville était d'or pur, semblable à du verre pur. Les fondements de la muraille de la ville étaient ornés de pierres précieuses de toute espèce : le premier fondement était de jaspe, le second de saphir, le troisième de calcédoine, le quatrième d'émeraude, le cinquième de sardonyx, le sixième de sardoine, le septième de chrysolithe, le huitième de béryl, le neuvième de topaze, le dixième de chrysoprase, le onzième d'hyacinthe, le douzième d'améthyste. Les douze portes étaient douze perles ; chaque porte était d'une seule perle. La place de la ville était d'or pur, comme du verre transparent. Je ne vis point de temple dans la ville ; car le Seigneur Dieu tout puissant est son temple, ainsi que l'agneau. La ville n'a besoin ni du soleil ni de la lune pour l'éclairer ; car la gloire de Dieu l'éclaire, et l'agneau est son flambeau. Les nations marcheront à sa lumière, et les rois de la terre y apporteront leur gloire. Ses portes ne se fermeront point le jour, car là il n'y aura point de nuit. On y apportera la gloire et l'honneur des nations. Il n'entrera chez elle rien de souillé, ni personne qui se livre à l'abomination et au mensonge ; il n'entrera que ceux qui sont écrits dans le livre de vie de l'agneau.* »

SOMMAIRE

22. Que représente l'Esprit dans ce passage pour démontrer la puissance de Dieu ? *Jean 6 : 63*
23. Comment la Parole de Dieu démontre-t-elle la puissance de Dieu ? *Romain 1 : 18 – 32*
24. Comment est transmise cette vie éternelle ? *Jean 17 : 3*
25. Comment les Hommes la reçoivent-ils ? *Jean 17 : 17*
26. De qui proviennent les saintes écritures ? *2 Timothée 3 : 16 – 17*

FAIT MAJEUR I : LE JARDIN D'EDEN ET LE PARADIS TERRESTRE

27. DEMONSTRATION DE L'EXISTENCE DU PARADIS SUR TERRE
28. 26. Comment les écritures saintes démontrent-elles l'existence du paradis sur terre ? *Genèse 1 : 26 – 27*
29. Où les Hommes étaient-ils invités à vivre lorsque Dieu les créa? *Genèse 1 : 28*
30. Quelle était la nourriture dont ils disposaient sur ordre de Dieu au paradis ? *Genèse 1 : 29*
31. Par quelle matière Dieu forma-t-il l'Homme dans le jardin d'Eden la création ? *Genèse 2 : 7*
32. Qui était à l'origine des premiers plans d'arbre dans ce jardin d'Eden ? *Genèse 2 : 8 – 9*
33. Que localisait-on en plus dans le jardin d'Eden ? *Genèse 2 : 10*
34. Quels étaient les noms de ces quatre fleuves ? *Genèse 2 : 11 – 14*
35. Où pouvons-nous situer aujourd'hui sur une carte moderne, l'existence de ces fleuves évoqués dans la Bible ?
36. Est-ce que ces noms-là ont été évoqués dans la Bibliques ?
37. Cependant on devrait se poser la question de l'emplacement de ces deux autres fleuves sur une carte ? *Esaïe 19 : 5 - 7*
38. Quels éléments ont été à l'origine du déclenchement de la polémique sur la nature du paradis terrestre tant ignoré par les Eglises sectaires d'aujourd'hui ?
39. Comment ont-ils procéder à la mise en évidence de cette vérité capitale ?
40. Mais qu'est ce qui explique ce gigantisme des Hommes, des animaux, des oiseaux et des arbres de l'époque édénique ?
41. *Genèse 1 : 6*
42. L'Homme dans le jardin d'Eden de quoi vivait-il ?
43. Que fit Dieu pour permettre à l'homme de se multiplier sur la terre ? *Genèse 2 : 21 – 25*
44. A partir de quelle matière furent également crées les espèces animalières de la terre ? *Genèse 2 : 19 – 20*
45. Mais pourquoi ne retrouvons-nous plus le jardin d'Eden ? *Genèse 3 : 24*
46. Que fit Dieu du reste du jardin après la mort d'Adam ? *Ezéchiel 31 : 13*
47. Quelle est la deuxième évidence de cette découverte du pétrole, issu de l'hydrocarbure à cet endroit ? *Genèse 14 : 10*

Conclusion intermédiaire:

FAIT MAJEUR II : LE DELUGE ET LA DESTRUCTION DU MONDE D'ALORS

DEMONSTRATION DU DELUGE PLANETAIRE : DECOUVERTE DE L'ARCHE DE Noé, ET EXPLICATION DES GLACIERS POLAIRES

48. 45. Que s'est-il passé pour que Dieu fasse pleuvoir un déluge d'eau sur toute la surface de la terre ? *Genèse 6 : 5 – 8*

49. Noé trouva grâce devant Dieu, Comment comprendre la grâce ? *Romain 4 : 16 – 18*
50. Comment se présente la démarche du salut de Dieu ? *Romain 9 : 11 – 14*
51. Ceux dont Dieu se charge de sauver tel que dit ailleurs *Romain 9 : 15*
52. Que fait Dieu du reste ? *Genèse 7 : 4 «*
53. Comment Yahwéh Dieu se fit-il appelé lorsqu'il agit pour punir les Méchants ? *1 Corinthiens 10 : 8 - 14*
54. Comment Dieu procéda-t-il au salut de Noé ? *Genèse 6 : 12 – 22*
55. Qu'en est-il des conditions pour celui qui voudrait entrer au ciel ? *Jean 3 : 3 - 11*
56. Qui est celui qui procède à la sélection de ceux qui doivent entrer dans l'arche ? *Genèse 6 : 12 – 22*
57. Combien de personnes furent sauvées du temps du déluge de Noé ? *1 Pierre 3 : 18 – 22*
58. Qui se chargea de fermer la porte de l'arche ? *Genèse 7 : 16*
59. Qu'en sera-t-il de cette fin du monde actuel ? *Mathieu 24 37 – 46*
60. Comment Noé fut-il averti de tout ce qui allait arriver ? *Hébreux 11 : 7*
61. Les Hommes pouvaient-ils ouvrir la porte de l'arche ? *Apocalypse 3 : 7*
62. En est-il un nombre de personnes connus au retour de Jésus qui seront sauvé ? *Apocalypse 7 : 1 - 4*
63. Où est ce que l'arche de Noé s'est-elle arrêtée ? *Genèse 8 : 4*
64. Pour quoi cette exclusivité du nom anciennement connu du mont Ararat ? *Galates 3 : 15 – 17*
65. Existe-il une montagne répertoriée du nom d'Ararat de nos jours ?
66. Quelles sont les preuves irréfutables des affirmations scientifiques sur l'existence de l'arche de Noé dont nous en parlons dans cette étude Biblique ?
67. Est-ce que l'arche de Noé existe-elle encore, avons-nous des preuves de son existence ?
68. Alors on pourrait se demander où sont passées ces eaux qui avaient rempli la terre ? *Genèse 8 : 1 – 3*
69. Dieu a promis ne plus détruire la terre par l'eau. Mais comment va-t-il le faire à la fin du monde ? *2 Pierre 3 : 5 – 7*

    FAIT MAJEUR III : LA TRAVERSEE DE LA MER : LES OSSEMENTS DE RAMSES DANS UN MUSEE

    DEMONSTRATION DE LA DELIVRANCE DES HEBREUX ET DE LA NOYADE DE PHARAON
70. Qui montra la voix au peuple à la sortie d'Egypte ? *Exode 13 : 17*
71. Autre fois, ils empruntèrent plusieurs routes. Est-ce le cas aujourd'hui ? *Jean 14 : 6*
72. Si je veux échapper au feu où mon nom doit-il être inscrit ? *Apocalypse 20 : 15*
73. Votre nom est-il dans le Livre de Vie de l'Agneau ? Pourquoi ?
74. Qui Jésus invite-il dans son royaume ? *Apocalypse 22 : 17*
75. Etes-vous décidé à vous attacher à la vie éternelle disponible pour vous par Jésus ?

    Réponse : …………………………………………………………………..

    CONCLUSION

    SOMMAIRE

DANS LA MEME COLLECTION D'ETUDE BIBLIQUE :

1. LE BAPTEME DE JESUS-CHRIST, L'ONCTION DU SAINT DES SAINTS.
2. LA PURIFICATION DU SANCTUAIRE, SATAN EST CHASSE HORS DU CIEL.
3. LA FIN DU MONDE DANS LA BIBLE ET LE SIGNE DE LA BETE, LE « 666 ».
4. LE GRAND SIGNE DE LA BETE, LE (666) REVELE.
5. COMMENT LES HOMMES ONT-ILS DEJA PRIS LE (666) LE SIGNE DE LA BETE SUR LE FRONT ?
6. COMMENT LES HOMMES ONT-ILS DEJA PRIS LE (666) LE SIGNE DE LA BETE SUR LA MAIN ?
7. LES DIX COMMANDEMENTS DE DIEU ET LE SALUT EN JESUS-CHRIST.
8. LA DIME, LE PECHE DE JUDAS DANS L'EGLISE CONTEMPORAINE APOSTASIEE.
9. QUELS SONT LES AUTRES SIGNES DE LA BETE ?
10. LE FONCTIONNEMENT DE L'EGLISE APOSTAT.
11. LE PARADIS ET L'ESPERANCE CHRETIENNE.
12. L'EGLISE, LES CHRETIENS.
13. QUI EST LE VRAI DIEU ?
14. IL YA UN SEUL DIEU !
15. IL YA UN SEUL SEIGNEUR !
16. IL YA UN SEUL ESPRIT !
17. IL YA UNE SEULE FOI !
18. IL YA UNE SEULE ESPERANCE !
19. IL YA UN SEUL CORPS !
20. IL YA UN SEUL BAPTEME !
21. LE SCEAU DE DIEU DANS L'APOCALYPSE.
22. LE SCEAU DU DIABLE DANS L'APOCALYPSE.
23. LE JOUR OU LE VATICAN, LA GRANDE PROSTITUEE, LA MERE DES IMPUDIQUES SERA DETRUITE.
24. VOICI LE GRAND SIGNE DE LA FIN DES TEMPS, ET DU RETOUR DE JESUS-CHRIST.
25. LE MOUVEMENT ISLAMIQUE DECRIT DANS LE LIVRE DE L'APOCALYPSE.
26. LA DERNIERE EGLISE, LES 144 000, LE RETOUR DU SEIGNEUR JESUS-CHRIST, ET L'ETERNITE.
27. VINGT ET SEPTIEME ECRITURE : LE TEMOIGNAGE. VIE ET TEMOIGNAGES CHRETIEN !

Printed by Books on Demand GmbH, Norderstedt / Germany